겨자씨의 꿈

겨자씨의 꿈

발행일   2016년 3월 20일

지은이   정 승 수
펴낸이   손 형 국
펴낸곳   (주)북랩
편집인   선일영   편집   김향인, 서대종, 권유선, 김예지
디자인   이현수, 신혜림, 윤미리내, 임혜수   제작   박기성, 황동현, 구성우
마케팅   김회란, 박진관, 김아름
출판등록 2004. 12. 1(제2012-000051호)
주소   서울시 금천구 가산디지털 1로 168, 우림라이온스밸리 B동 B113, 114호
홈페이지   www.book.co.kr
전화번호   (02)2026-5777   팩스   (02)2026-5747

ISBN   979-11-5585-982-7 03230(종이책)   979-11-5585-983-4 05230(전자책)

이 도서의 국립중앙도서관 출판예정도서목록(CIP)은 서지정보유통지원시스템 홈페이지(http://seoji.nl.go.kr)와
국가자료공동목록시스템(http://www.nl.go.kr/kolisnet)에서 이용하실 수 있습니다.
(CIP제어번호 : CIP2016007241)

성공한 사람들은 예외없이 기개가 남다르다고 합니다.
어려움에도 꺾이지 않았던 당신의 의기를 책에 담아보지 않으시렵니까?
책으로 펴내고 싶은 원고를 메일(book@book.co.kr)로 보내주세요.
성공출판의 파트너 북랩이 함께하겠습니다.

겨자씨의 꿈

겨자씨 한 알의 믿음으로도
마침내 승리하리라!

청봉 정승수

북랩 book Lab

추천의 말

정승수 원로장로님께서 팔순 기념 시집으로
'겨자씨의 꿈'이라는 찬양시집을 펴냈습니다. 여러
성도들이 널리 읽어서 은혜 받으시기를 바랍니다.

정 장로님은 설교 말씀을 듣고 기록하여 시로
재생시키는 능력을 가지고 계십니다. 긴 설교를 요
약 함축시켜 그 핵심을 쉬운 우리말로 표현하고 있
습니다.

이 시를 읽노라면 우리네 삶과 함께 하시는 자
상하고 인자하신 주님을 만나 뵈는 듯 실감합니
다. 주님을 사랑하고 주님을 만나고 싶은 모든 형
제자매님들이 이 시집을 읽고 주님을 더욱 찬미할
수 있었으면 합니다.

몇 해 전에도 개인 시화전을 교회 뒷뜰에서 열
었으며, 주보에도 종종 좋은 시를 올리고 계십니
다. 신앙의 본을 보이시는 어르신으로 청년 못지않
게 활발한 창작활동을 하고 계십니다. 더욱 건강
하시고 성령 충만하셔서 하나님께 영광 돌리시기
를 기원합니다.

2016년 춘삼월에
담임목사 권 오 서

시인의 말

할렐루야!
성도 여러분 가정에 주님의
은혜가 봄볕처럼 가득하시기를
기원합니다.

여러 해 동안 권오서 담임목사님을
비롯하여 여러 목사님들의 주옥같은 설교
말씀을 듣고 시로 써보았습니다.
성경 속에 어려운 한자를 쉽고도
고운 우리말로
펴내려고 애써보았습니다.

모교에 다시 와 시작한 신앙생활은
날이면 날마다
기쁘고 행복합니다.
장수의 복을 주신 하나님께 이 시집을
드립니다.

2016년 새봄에
청봉 정승수

차례

1 장

영혼의 무지개

위기는 예고 없이 닥쳐옵니다
위기는 약속 없이 닥쳐옵니다
그 충격으로 헤매게 됩니다
그 충격으로 타락하기 쉽습니다

고난이 올 때 원망합니다
고난이 올 때 탄식보다는
반성과 깨달음이 앞섭니다
참고 때를 기다려야 합니다

폭풍우 지난 후 곡식이 익어가듯
주님이 튼튼하게 키우려고
나를 훈련을 시키시는 것입니다
강한 사람이 되기 위해 기도합시다

주님이 함께하신다고 믿고 있었는데
왜 이런 어려움을 주십니까
괴로움을 통해 깨달음을 얻게 되며
고난을 이기면 영혼의 무지개 뜹니다

남을 높이는 지혜

당신은 나보다 나은 분입니다
존중하면 남도 나를 높여줍니다

모든 일을 좋은 생각으로 그리 여기고
남을 염려하므로 나보다 높여봅니다

남을 높여 주고 칭찬해 주면
그가 내 일을 도와줍니다

믿음은 행동으로 옮길 때 바르게 되며
맡은 일에 충성하는 것이 믿음생활입니다

내가 먼저 남을 대접하고
먼저 섬길 수 있다면 지혜로운 사람입니다

감사하는 마음

손해 보아도 감사하면 채워주시고
어려움에도 감사하면 길을 열어주십니다
나쁜 일에도 감사하면 좋은 일을 주시고
병든 가운데서 감사하면 건강을 주셔서
병 고침治癒의 신기한 일奇蹟로 나타납니다

스스로 하는 감사는 진정한 감사
뜨거운 감사에 성령이 충만하고
조건 없는 감사에 복을 내려주십니다
참마음으로 감사하면 다 자란 믿음입니다

하나님의 은혜는 가까이 있는데
믿음이 없으면 안 보입니다
감사는 받는 것이 아니라
발견하는 것입니다
하나님은 복주시기를 원하시니
감사하면 누르고 흔들어 후히 주십니다

부부의 인연

세상에서 가장 중요한 만남은 짝과 만남이니
별과 같이 많고 많은 사람 중에
부부의 인연을 맺는다는 것은 기이한 일
우리 만남에 감사하면 행복한 부부입니다

그 사람이 곁에 있기만 해도 행복한 사람
인정해 주고 알아주는 사람
칭찬해 주는 사람
이런 부부가 좋은 인연을 만들어 갑니다

그가 하는 일을 이해하고 존중하고
서로의 의견을 따라주어야 앞으로 나갈 수 있습니다
때때로 도와주고 기다려 주고
하나님이 맺어주신 인연으로 평생을 함께 삽니다

가정이 행복하려면 건강해야 하니
체력과 영력 지력을 지켜야 합니다
부르지 않은 노래는 노래가 아니듯
표현하지 않는 사랑은 사랑이 아닙니다

여보 사랑해요 다정스럽게 말해 보세요

내니 두려워 말라

사람은 두려움에 둘러싸여 살지요
정치변화의 두려움
경제치기의 두려움
전쟁 무서움의 두려움
자유를 잃을까 봐 두려움
희망 없는 두려움
의심할 때 두려움
사랑이 없을 때 두렵습니다

근심걱정으로 마음이 짓눌러
눈물이 흐를 때 닦아주시고
낙심될 때 위로하시는 분
편안과 안전을 지켜주시는 주님
미리 짐작하지 않는 폭풍우를 만날 때
주님을 의지하는 믿음이 있나요
내니 두려워 말라 하신 말씀을 기억하고
풍랑도 잔잔케 하시는 주님을 믿습니다

나중 된 자

제 자랑을 버려요
먼저 되었다고 뻐기고
많이 배웠다고 뻐기고
권세 있다고 뻐기고
재산 많다고 뻐기는
이런 것들은 헌옷 같은 것이지요

행복은 순간이요 불행도 지나가는 것
앞으로 할 수 있는 기회는 누구에게나 있어요
나중 되었다고 뒤떨어진 것도 아니요
못산다고 평생 못사는 것도 아니지요
나중 된 자가 먼저 되리니
믿고 노력하면 앞설 수 있어요

한 줄밖에 없는 가야금

절망 끝에 서서
더 이상 해결점을 찾지 못할 때
더 이상 바랄 것이 없을 때
희망을 버렸을 때
하나님도 변화시킬 수 없다

반드시 살아 있어야 한다
피투성이라도 살아 있어야 한다
시궁창에 빠졌어도 기어 나와야 한다
물에 빠졌어도 헤엄쳐 나와야 한다
살아있으면 새날을 주신다

어떤 경우라도 희망을 놓치지 말자
희망을 놓치면 끝이다
한 줄 가야금 줄로도 연주할 수 있듯이
희망을 가져야 살아날 수 있다
믿고 기다리면 절망을 뚫고 희망이 보인다

믿는 자를 통하여 이뤄내시는 하나님
기도하는 자에게 귀 기울이시는 하나님
부지런한 자에게 다가오시는 하나님
고난의 터널 끝에 새날을 열어주시고
이전보다 복의 큰 복을 더하시리라

열왕기상 17: 8-16

항상 기뻐요

기도할 수 있어서
성경 볼 수 있어서
찬송할 수 있어서
전도할 수 있어서
날이면 날마다 항상 기뻐요

교회 갈 수 있어서
들을 수 있어서
만나볼 수 있어서
봉사할 수 있어서
날이면 날마다 항상 기뻐요

굳센 믿음 있어서
새 소망 있어서
사랑할 수 있어서
주님 함께 계시니
날이면 날마다 항상 기뻐요

가정의 신비

가정은 하나님이 사람에게 주신 최고의 선물
남편과 아내가 서로 사랑하여 창조의 신비가 보이는 곳
그 안에서 기쁨이 넘치고 약속 있는 행복한 장소입니다

아내란 가정 속에 담겨있는 보화와 같은 그릇이니
아내가 무너지면 가정이 무너지고 흔들려요
강한 남편은 연약한 아내를 잘 보호해야 합니다

높새바람에 흔들리는 둥지에 성한 새알 없듯이
사랑받는 아내가 있어야 가정이 있고 자녀도 안전해요
가정은 편안한 안식처요 사랑을 나누는 곳이랍니다

남편은 아내를 만나고 자녀는 어머니를 만나 쉼을 얻음으로
마주보며 이야기를 나누는 장소요 행복한 보금자리지요
가정이란 사랑을 몸소 겪을 수 있는 작은 천국이랍니다

기도하는 손

이 세상에서 가장 아름다운 손은 기도하는 손
대학입시에 합격하기를 기원하는 어머니의 손
바다로 나간 지아비의 무사귀환을 비는 아내의 손
밥상을 앞에 놓고 감사 기도하는 어린이의 손
암환자의 병 낳기를 위해 기도하는 목사님의 손

남을 위해 기도할 때마다 밤하늘에 별이 하나씩 돋아나요
기도만이 손이 할 수 있는 으뜸방법이며
쪽탄보다 힘센 무기입니다
기도는 자신을 들여다 볼 수 있는 창이기에
쉬지 않고 기도하는 손은 아름다운 손

남을 위해 기도하는 손은 거룩한 손이며
자비와 사랑 겸손과 인내의 손이지요
여린 나무뿌리가 강한 바위를 뚫듯이
두 주먹을 쥐고 때리는 손보다
두 손을 모아 기도하는 손이 더 강한 손

심는 대로 거두리라

좋은 것을 심으면 좋은 것이 나오고
나쁜 것을 심으면 나쁜 것이 나와요
육체를 심는 자는 썩을 것을 거두고
성령을 심는 자는 영생을 거두지요

무엇으로 심든지 그대로 거두리니
선을 행하면 때가 되어 큰 열매를 거둡니다
앞날은 안개와 같은 것이기에
신념과 원칙으로 살면 승리합니다

나는 왜 이 세상에 살아 있는가
큰 그림을 그려보세요
삶의 목적이 뚜렷하면
위험한 고비가 오더라도 쓰러지지 않아요

지위와 재산이 목적이었다면
그 목적을 잃어버릴 때 실망합니다
나의 목적이 무엇인가를 하나님께 묻고
정직하게 믿음 안에서 노력하면 성공합니다

기다리는 지혜

기다릴 줄 아는 인내를 기릅시다
짧은 시간에 높은 성과를 거두는 시대에서
젊은이들은 참지 못하지요

그러나 신앙생활은 인내와 성장입니다
빨리 심고 빨리 거두면 오래가지 못하니
멀리 보고 기다리는 습관을 기릅시다

친구를 즉시 사귀고 빨리 싫증을 느끼듯
과실나무를 내가 심고 내가 따먹으려고 해요
멀리 보고 심으면 좋은 열매를 거두지요

선을 행하되 낙심하지 말지니
선을 행하고 성과가 없더라도 기다립시다
원리대로 하면 언젠가는 열매를 얻게 되지요

자녀들도 하나님의 뜻과 말씀으로 기르면
하나님께서 귀히 쓰시는 자녀로
나라에 큰 인물이 되리라 확신해요

• 성경에서 善이란? → 하나님의 뜻대로 하는 일.

자녀는 하나님이 주신 보배

꽃나이思春期 때 럭비공과 같은 아이들
아니 여기고 버티反抗면서 자랍니다
꾸지람보다는 용서하고 이야기해 봐요
마음을 닫고 거부하면 빗나가기 쉬우니
인정하고 축복된 말을 해 주세요
부모의 말과 행동은 부메랑으로 다시 돌아오지요

의사소통이 끊어지면 외롭고 성품이 그릇되기 쉬우니
잔소리보다는 그리 여기肯定的는 믿음을 갖도록 말하세요
내 자녀가 잘 크는 것이 사회를 이롭게 하고
하나님께 영광 드리는 일이지요
부모가 먼저 내노라 하는 생각自尊心을 찾아 하나님을 사랑하면
불안한 사회에서도 본 모습正體性을 찾을 수 있지요

용서하게 하소서

열린 생각으로 다른 사람의 의견도 인정하게 하소서
직분에 맞지 않는 행동은 사회를 불안케 하니
주님을 닮아가는 삶을 산다고 하면서 내 욕망이 앞섭니다.
자신의 본분을 다하면 이 세상은 아름다울 것이니
편안한 옷을 입듯 온유와 겸손 자비가 자연스럽게 하소서

주님이 저를 용서하신 것 같이
원수라 할지라도 용서하게 하소서
사랑이 부족하다면 사랑할 수 있도록 기도하고
주님은 십자가에 못 박히기까지 저를 사랑하셨으니
그런 사랑으로 미운 사람도 용서하게 하소서

마음이 편치 못하면 다른 사람에게 마음을 쓸 수 없음을 아오니
하나님께 용서받았다는 확신이 서면 마음에 평화가 있게 하소서
그러면 다른 사람과의 관계도 편안해질 것입니다
세상을 바라보면 불안하오니 이런 세상에서
십자가를 바라보며 용서하고 화평하게 하옵소서

불안하기보다는 자유로움으로
방자질詛呪하기보다는 용서함으로
미워하기보다는 자비함으로
불쌍한 사람에게 사랑을 베풀어
지금까지 인도해 주신 주님께 감사하게 하소서

사랑하면 얼굴이 예뻐지고
웃음이 샘솟듯 하면 건강해지며
그리스도의 사랑을 생각하면 마음이 편안합니다
좋으신 하나님께 감사하오니
온갖 일에 감사하면 확 트인 복을 더하리라 믿습니다

하나님 만나는 비결

어스름한 새벽 조용한 시간
한적한 곳에서 기도할 때가
하나님을 만나는 좋은 시간이지요

복잡한 거리에나
시끄러운 소리보다는
아주 작은 바람소리에
주님의 음성이 들려와요

내가 해달라기보다는
가만潛潛히 하나님 말씀을 듣고
위태롭고 급한 때에라도
조용한 시간에 기도해 보세요

기도방법의 으뜸은
시간과 장소를 구별하고
정성으로 나가는 것이지요
하나님의 주파수에 맞추어 기도하면
편안함과 복이 내려오지요

남을 따라가는 삶이 아니라
주님께 받은 명령이 무엇인지 깨달아
뚜렷한 목표를 세우고
부름 받은 삶을 살아가야 행복하지요

자존심

나를 직접 창조하신 하나님
나의 가치는 천금과도 바꿀 수 없는 그런 귀한 존재인데
다른 사람의 평가에 좌절하거나 절망하지 않게 하소서
내 인생을 행복하게 하는 조건은
재산에 있는 것이 아니라 만족한 생활에 있음을 알게 하소서
세상일은 만족하지 못하나 감사하므로 행복합니다
세상의 물질과 인맥은 절대기준이 아니니
다른 사람의 평가에 흔들리지 말고
내 자존심을 인정하고 당당하게 살아가게 하옵소서

의인은 감람나무

의인은 감람나무
사막에서도 죽지 않으며
폭풍우에도 꺾이지 않으며
불볕더위에도 마르지 않습니다
시련이 와도 담 크게大膽 일어서며
환란을 담 크게 이길 힘을 주십니다

의인은 백양목
높새바람과
눈보라 속에서도 올곧게 자랍니다
눈물의 골짜기나
죽음의 골짜기라도 주님과 함께하면
넉넉히 이길 힘을 주십니다

의인은 소나무
찬 서리
폭풍우 속에서도 끈기 있게 견딥니다
여호와에 깊이 뿌리를 내려
순풍에 배가듯 순조롭게 자라서
큰 재목으로 쓰시리라 믿습니다

신기한 일奇蹟

우리 삶에 신기한 일이 일어나기를 바라지요
사랑할 때 신기한 일이 일어나고
죄인이 하나님의 자녀 된 것도 신기한 일입니다

교회 옆문에서 빌어먹는 앉은뱅이에게
은과 금은 없거니와 내게 있는 것으로 네게 주노니
나사렛 예수의 이름으로 일어나라
베드로의 말에 앉은뱅이가 벌떡 일어섰지요

죽어가는 사람에게 세례를 주는 것도
그리스도의 이름을 전하는 것도 신기한 일이지요
배고픈 자에게 밥을 주는 것도 중요하지만
영원한 생명이신 그리스도를 믿게 하는 것은 더 신기한 일입니다

천국열쇠

주님의 신기한 일과 말씀은
머리가 아니라 가슴으로 깨달아야만 해요
지금도 살아 움직이며 일하시는 분
현재 삶 속에서 바쁘게 일하시는 분
주님은 메시아요 살아계신 하나님의
아들이라고 털어놓을 수 있을까요
이런 고백을 할 때
교회는 그 고백 위에 세워집니다
참마음으로 털어놓는 자에게 천국열쇠를 주리니
하늘의 권세와 능력이 임하게 되리라 믿어요

가족사랑

내가 아닌 다른 사람을 이웃이라고 하지요
나와 가까이 있는 사람을 이웃이라고 하지요
멀리 있고 모르는 사람은 이웃이라고 할 수 없어요
나와 가장 가까운 이웃은 아내와 자녀 형제들이지요

너무 가깝기 때문에 사랑이 미움으로 변하기 쉬워요
어떤 일로 서로 믿지 않을 때 미움이 싹터요
미워하기 전에 의심하는 마음이 생기니
한 번 의심하면 의심이 의심을 낳아요

맞은편에 대한 존경심과 신뢰감이 사라질 때
의심이 널리 퍼져 나쁜 방향으로 치닫지요
의심의 눈초리는 오해를 낳고 오해는 미운 생각으로 변하지요
먼저 가족을 사랑할 때 그도 나를 사랑하고 인정해요

이 가을에 경건하게 하소서

이 가을에 거짓말을 버리고
주님을 사랑하는 마음을 갖게 하옵소서
신앙생활도 심신단련이 필요하오니
매일 기도와 말씀으로 주님을 닮게 하옵소서

세상이 주는 즐거움에 마음을 빼앗겨
자신의 즐거움만 누리려고 합니다
헛되고 미덥지 않는 것들은 마귀의 꾐이니
탐내는 물건에 쏠려 빠지지 않도록 하옵소서

이 가을에 새로운 것으로 채워주소서
끊어버림이 없이는 성스러워질 수 없습니다
정성의 시작은 끊어버림으로 시작되오니
경건의 삶을 누리려고 노력하게 하옵소서

운동선수가 하루아침에 이루어지지 않은 것 같이
오직 경건에 이르도록 매일 연습하여
경건의 수준이 높이 자라도록 하옵소서 그리하여
이 가을에 경건의 결실을 맺도록 기도드립니다

앞을 향하여

실패자는 과거에 매여 사니
과거는 잊어버리고
앞을 향해 나가게 하소서

과거형은 실패자가 되고
미래형은 승리자가 되는 줄 믿사오니
눈물을 씻고 희망을 바라보게 하소서

희망을 향해 달려 나갈 때
지난 일은 추억으로 남기고
앞날의 성공을 향해 달려 나가게 하소서

하나님이 예비해 놓으신 복을 바라보게 하소서
내 능력이 아니라 하나님의 능력이니
하나님이 붙들어 쓰시면 위대한 일을 할 줄 믿습니다

항상 말씀을 읽고 묵상하게 하소서
그 말씀대로 지켜 행하면
그의 길은 평탄하고 확 트이리라 확신합니다

해답을 가지고 계신 하나님

제 앞길에 요단강이 가로막고 있습니다
한 번도 가보지 못한 길
그 길을 하나님이 인도해 주셔요
하나님께 해답이 있으니 해결해 주십니다

처음 가는 길이라 할지라도
기도하고 의지하면
하나님이 앞장서서 가시니
저는 그 뒤를 따라만 가면 됩니다

그만두지 말아요

항상 바라고 믿으며 기다려요
홀림에 넘어가지 말며 끝까지 견디는 자가
구하는 것을 얻으리라고 했어요

근심 환란 아픔을 참고
믿는 것을 그만두지 않는 사람
견디는 사람만이 승리하리라고 했어요

욕심 많고 환란에 약한 사람은
바람에 나는 먼지와 같으니
믿는 것을 그만두지 말아요

나를 사랑하신 주님을 바라보며
끝까지 십자가를 의지하면
승리를 안겨 주리라 믿어요

천성을 향하여

뻐꾸기시계가 새벽 3시를 알리면
눈을 겨우 뜨고 일어납니다
교회버스는 소머리 벌에서 뒷두루로
뒷두루에서 향교 앞으로
향교 앞에서 구름다리를 건너
꽁지개울을 건너갑니다
퇴계선생의 외가가 살았다는
교회까지 긴 시간이 걸립니다

선인장 줄기가 자라듯
내 믿음도 조금씩 자랍니다
주님이 겟세만 동산에서 기도했듯이
십자가를 지고 골고다 언덕을 올라가신
모습을 상상하며 수첩에 적은 대로
교우들의 고통을 대신해 중보기도를 드립니다
기도는 복 받는 길이요
세상과 천국을 잇는 사다리입니다
새벽기도가 천성을 향해 가는 길이니
오늘도 사다리 한 계단을 올려놓고 옵니다

승리의 비결

하나님께만 집중하여
온힘을 다해 기도하자
온힘을 다해 예배드리자
온힘을 다해 사랑하자
온힘을 다해 공경하자

하나님께 집중하면
하나님이 함께 하시고
하나님이 책임져 주셔서
덤으로 물질도 풍성히 채워주신다

주님의 뜻이 머무는 곳에

주님의 뜻이 머무는 곳에
제 마음이 있게 하시고
주님의 뜻이 머무는 곳에
제 발길이 가게 하옵소서

주님의 뜻이 머무는 곳에
제 영혼도 눈 뜨게 하시고
주님의 뜻이 머무는 곳에
제 물질도 드리게 하옵소서

주님의 뜻이 머무는 곳에
봉사하는 소수가 되게 하시고
주님의 뜻이 머무는 곳에
귀히 쓰시는 도구가 되게 하옵소서

주님의 뜻이 머무는 곳에
고난이 기쁨으로 변화되게 하시고
주님의 뜻이 머무는 곳에
영광을 드리는 시詩가 되게 하옵소서

깨끗한 사람

교회는 진심으로 말하고
진정으로 감사하고
사명을 회복하는 곳이 되게 하소서
교회에서 죄와 허물을 씻는
깨끗한 사람을 찾게 하소서
최고의 봉헌은 자신을 드리는 것이니
합당한 예배자는 먼저 깨끗하게 하소서
가정도 직장도 깨끗하게 하소서
깨끗한 사람은 하나님을 볼 수 있다고 했으니
주님의 보혈로 깨끗하게 씻어
복 받고 소망을 이룰 수 있게 하소서

벽 앞에서

벽을 보고 주저앉지 않게 하소서
불가능한 벽을 뛰어넘게 하소서
벽을 넘어 앞으로 나가리라
끝까지 주님을 따라 나가리라
주님의 일을 하게 하소서

내 인생의 벽인 질병과 가난
못된 성격을 만지기만 하면 낳게 하소서
그만두면 끝입니다
그만두면 기회가 없습니다
힘을 다해 선을 이루는 줄 믿습니다

마가복음 2:1-5

참된 믿음

답답하고
외롭고
허망하고
터무니없는 처지에서도
포기하지 않는 믿음
끝일 줄 모르는 믿음
행동하는 믿음
노력하는 믿음
끝까지 믿는 믿음
정금 같은 믿음이 병을 고친다

해도 해도 안 되고
몸부림쳐도 안 된다고
인생을 포기할 때 끝나니
포기는 기회가 없다
다시 일어서자
흔들리고 낙심하지 말자
주님이 함께하시면 성공이다
사는 대로 믿는 것이 아니라
믿는 대로 사는 것이다
믿음만이 생명을 구원한다

마가복음 5:25-34

가치관에 대하여

자기의 귀중한 영혼을 무엇과 바꿀 수 있으랴
영혼을 잃으면 무엇이 이로우리요
물질을 가지면 행복할 것 같지만
많이 가질수록 욕망은 채울 수 없는 함정
천년을 살 것 같지만 인생은 날쌘 경주마

이 세상에서 가장 귀한 가치는 생명이다
내 죽음은 멀다고 돈만 아는 사람들
어처구니없이 세상은 흐리기만 하다
비참하고 부끄러운 세상
죄 많은 세상에서 진정한 가치관은 무엇인가

이 세상에서 생명보다 귀한 것이 어디 있으랴
무엇보다 귀중한 생명의 가치를
물질의 가치와 바꾸려 한다면
가치관에 어긋나는 일이다
생명이 죽으면 영혼도 잃는다

마가복음 8: 36–38

천국은 내 마음속에

직장과 집을 매일 개미 쳇바퀴 돌듯 하니
똑같은 일상이 따분하다고 생각되면
잃어버린 웃음을 찾기 위해서라도
어디든 떠나세요
웃음은 생기를 찾고 행복이 오니
직장과 환경은 달라진 것이 없으나
마음이 변하면 어디든 천국입니다

바깥세상에서는 만족할 수 없고
마음의 변화에 따라서
천국도 되고 지옥도 되니
희망을 가지면 즐거운 삶을 살 수 있습니다
천국을 밖에서 찾는 어리석은 사람들이 있어요
하나님이 내 마음속에 계실 때
이 세상은 천국으로 변할 것입니다

아기예수님! 사랑합니다

아기예수께 드리는 예물

동방박사들은 유대 동쪽 페르시아에서
별을 보고 몇 달 동안 찾아왔습니다
인류를 구원하실 왕의 탄생을 믿고
아기예수께 예물을 드리려고 왔습니다
동방박사들은 황금과 유향과 몰약을 드렸는데
저는 어떤 선물을 드려야 할까요
아기예수님 사랑합니다
이 한마디의 고백이 신명나는 예물이 될 것입니다

2 장

귀중한 선물

성탄절이면 아이들은 장난감 로봇을 좋아하고
아내는 명품가방이나 보석반지를 원하겠지요
누구나 따뜻한 사랑이 담긴 선물 받기를 바랄 것입니다

사람 몸을 입고 구유에 태어나신 주님
지극히 작은 자 가난한 자의 친구가 되려고 오셨습니다
너무 바빠서 이런 귀중한 선물을 놓칠 수 있고
욕심에 눈이 어두워 천사들을 볼 수도 없을 것입니다

가장 귀한 선물은 로봇이나 반지가 아니라
하나님이 외아들을 주셔서 구원해주신 생명의 선물
이런 귀중한 선물도 알아보지 못한다면
얼마나 어리석고 후회가 되겠습니까

새해 새로운 기대

새해에는 어떤 일들이 기다리고 있을까요
이제 막 시작하려는 연극을 보는 듯한 기대감
열심히 기도하여 더 굳센 믿음을 가지려면
새것들을 이룰 수 있는 준비가 되어 있어야 하겠지요

새 포도주를 낡은 부대에 담으면 터지고 말지요
새날을 기대하려면 준비된 마음이 있어야 하고
털어버릴 것은 털어버리고 잊을 것은 잊어버려
변화된 모습으로 새 그릇 같은 새사람이 되어야지요

새해의 기도

새해에는 삶의 지경을 넓혀주시고 저로 하여금
가족과 이웃 교회와 민족이 복 받게 하옵소서
하나님 말씀에 의지하여 고향을 떠난 아브라함처럼
말씀이 나를 사로잡는 온전한 믿음을 주소서
하나님 말씀과 연결되면 송신되는 네비게이션처럼
앞으로 갈 길에 지혜와 능력과 힘을 주실 줄 믿습니다
세상의 즐거움과 물질과 명예는 잠시 지나가는 뜬구름일 뿐
병고와 실패를 당한 후 내 판단이 틀렸다는 것을 느낍니다
말씀은 순종이고 능력이기에
주님을 의지하는 믿음이 힘이며 소망인 것을 아오니
돈보다는 아내와 가족 이웃들의 사랑이 더 귀한 줄 믿습니다
말씀만 바라보고 나가면 성공한다는 진리를 깨달아
기쁠 때나 슬플 때라도 항상 주님 붙잡고 나가게 하옵소서

말씀하소서

말씀에 의지하여 제가 맡은 일을 깨닫게 해 주시옵소서
목적 없는 인생은 없으니 저의 사명은 무엇입니까

제가 많은 재물을 가지려는 목적으로 주님을
수단으로 쓰지 않게 하옵소서

하나님 제가 할 일을 깨닫게 하시고
말씀으로 변화되어 주님을 돕는 자가 되게 하소서

제 가족만을 위해 기도하지 말고 영적 지경을 넓혀
이웃과 민족 인류의 평화를 위하여 무릎 꿇게 하소서

익은成熟 신앙인

머리는 차고 가슴은 뜨거운 넥타이 신앙으로
냉철한 판단력과 뜨거운 열정을 가지고
하나님의 뜻을 이루어 나가게 하옵소서

얼굴과 입장 편견과 고민으로 이루어진 판단이 아니라
성령이 지시하신 하나님의 일을 먼저 생각하게 하여
주님이 보는 감각으로 바라보며 주님 중심으로 살기를 원합니다

풀을 먹고 땅에서 쉬며 채찍을 맞는 나귀가 되기보다는
내 중심을 주님 중심으로 내 기준을 주님 기준으로 맞추어가며
주님의 가치관으로 바꾸어 나가게 하옵소서

내 욕망과 성취를 위하여 주님을 이용하지 않게 하옵시고
주님의 가르침 앞에 모두 내려놓고 자기를 부인하고
자기 십자가를 지고 묵묵히 주님의 뒤를 따르게 하옵소서

주께 대하듯 하소서

내가 좋아야 남도 좋고 내가 기뻐야 남도 기뻐합니다
말로서 상처를 주고 분노를 사니 말과 행동을 주께 대하듯 하소서
내가 질 고난의 십자가는 피해가고
복 받기 좋아하는 어린아이 같은 연약한 신앙이오니
고난 없는 축복을 기대하지 않게 하소서
예수님의 십자가를 부인하고 부활을 믿지 못한다면
아직도 주님의 제자가 아니니
거저 얻어지는 것은 없는 줄 알게 하소서
십자가에 축복이 있고 예비하신 은혜와 평강이 있습니다
광야를 지나면 가나안이 보이듯이
고난 뒤에 약속된 복이 있는 줄 믿게 하소서
낙타에게 지지 못할 짐을 싣지 않듯
이기지 못할 시험은 주지 않으시는 주님
고난과 시련을 이겨낸 후에야 승리의 월계관이 있는 줄 알게 하소서
성숙함이란 철이 난 것이고 주님의 뜻대로 살려는 태도입니다
누구에게나 주께 대하듯 할 때 이 세상이 낙원으로 변화될 줄 믿습니다

그리스도의 사랑

웃어라 온 세상이 너와 함께 웃을 것이요*
울어라 너 혼자 울 것이다
세상인심은 기뻐할 때는 모두 기뻐해주나
슬플 때는 모두 얼굴을 돌려요

사랑이 없으면 넘어지나
사랑이 있으면 환란 속에서도 도울 수 있어요
돈이 많아도 사랑이 없다면 도울 수 없고
사랑이 있다면 따뜻하게 품어 줄 수 있어요

품어 주세요 따듯하게
품으면 사랑으로 변해요
넘치도록 주시는 축복
그리스도의 사랑을 품어주세요

• 첫줄은 〈슬퍼하는 남자〉 그림 밑에 쓰여 있는 문구 인용.

어머니의 기도

기도는 생명수입니다
목마를 때 채워주시며 가뭄에 단비를 내리십니다

기도는 마음의 집입니다
그 집 창가에 스미는 햇살이며 편히 쉬는 안식처입니다

기도는 밥입니다
밥을 먹어야 일을 하고 건강을 유지하듯 영혼의 밥입니다

기도는 길라잡이입니다
어두운 길에 등불이며 바른길로 인도해 주십니다

논산훈련소에서 고된 신병훈련을 받을 때나
내 평생 순탄한 길을 걸은 것도
모두 어머니의 새벽기도의 힘입니다

우리는 순례자

인자하신 영정 앞에 국화꽃을 바칩니다
늘 왕처럼 살다가 거지처럼 간다고 하셨는데
눕기 전날까지 그리신 묵화 한 점 놓여있읍다.

연꽃 한 송이도 예술로 승화시킨 비결은
단순함은 복잡함을 지나서 온다는 진리
사물들은 시간과 바람에 깎이고 무뎌져
단순한 선으로 표현되는 것일까요

아무리 돈이 많아도
아무리 옷이 많아도
하늘나라 갈 때는 단 한 벌뿐
이 세상에서 두 번 살 수 없는 것인가요

인생은 낯설은 여관방에서°
하룻밤 쉬고 가는 순례자
세상풍파 괴로움 다 잊으시고
주님 품에 안겨 편히 쉬소서

° 테레사 수녀가 한 말씀.

두려움

눈에 안 보이면 걱정이 앞서니
두려움은 꿈을 막는 장애물
두려움은 희망을 무너뜨리고
두려움은 믿음을 의심케 하는 마귀

안 보이는 미래는 두려운 존재
두려워하면 벌써 진 것이나 다를 바 없다
두려워하기보다는 먼저 기도하라
눈에는 안 보여도 믿고 앞으로 나가라

마음을 강하고 담대히 하라
너의 하나님 여호와가 항상 너와 함께
하신다는 말씀을 마음판에 새겨두면
두려움은 스스로 없어지리라

믿음이란

바랄 수 없는 것을 바라보는 것
 볼 수 없는 것을 미리 보는 능력
  먹장구름 너머에 푸른 하늘을 보는 눈이고
   씨앗을 놓고 숲속의 새소리를 듣는 귀지요

   믿음은 깊은 신뢰가 따라야 하고
  깊이 뿌리를 내려 확신이 서는 것
 네 믿음대로 될 것이다 말씀하신 주님
믿음은 인생의 방향을 결정짓지요

쉬지 말고 기도하라

끊임없이 기도하자 숨 쉬듯 기도하자
실바람처럼 찾아와 소곤소곤 들려주신다
밤길에도 어머니 손잡고 가면 두려움 없듯이
하나님 부르면 오냐 여기 있다 대답해 주신다

기도의 향을 매일 올려 하늘에 쌓아가자
힘들고 어려울 때 기도하면 문제가 해결된다
진실된 마음으로 기도하면 하늘 문이 열리고
평강과 기쁨 희망을 주시리라

죽음 속에 생명이

땅에 묻는다는 것은 새로운 생명을 뜻한다
콩을 그대로 두면 한 알 그대로 있지만
한 톨의 콩을 묻으면 많은 열매를 맺는다

과일을 동물들이 먹음으로
열매는 곧 죽음이고
그 안에 들어있는 씨앗은 생명이다

로마는 주님을 십자가에 달려 죽게 했지만
그리스도교는 로마를 정복하고 세계로 뻗어
죄인인 우리들에게도 화해의 길을 열어 주셨다

주님은 죽음으로 부활의 영광을 얻었다
십자가가 있기에 부활이 귀하고
부활이 있기에 십자가는 빛나고 있다

충성된 일꾼

좋은 일이나 싫은 일이나
일이 잘 될 때나 힘들 때나
주인이 있을 때나 없을 때나
건강할 때나 아플 때나
주인의 뜻을 헤아리면 충성된 일꾼

안될수록 충성하며
일이 어려울수록 이해하며
모든 일에 열심히 행동하고
진실되게 관심을 가질 때
칭찬을 들으면 충성된 일꾼

겉과 속이 같은 사람
말과 행동이 같은 사람
성실하고 진실된 사람
강직하고 믿음직스러운 사람
주님의 일에 집중하면 충성된 일꾼

아가페 사랑

조건 없는 사랑은 백혈구 같은 사랑
다투지 않고 깊이 감싸주는 사랑
　죄인을 구원하려고 희생하기까지
　가엾게 여기는 사랑 아가페 사랑

다 내어주는 사랑 어머니 같은 사랑
아픔과 슬픔마저도 녹아지는 사랑
　죄인을 구하려고 희생하기까지
　가엽게 여기는 사랑 아가페 사랑

바다 같은 마음 호수 같은 평화
아버지 같은 사랑　하나님 사랑
　죄인을 구하려고 희생하기까지
　가엽게 여기는 사랑 아가페의 사랑

예비하신 길

하나님을 바라보라 예비된 은혜를 보라
나를 결코 버리지 않으리라
가난한 인생을 후회하지 않음은
우리의 생각을 뛰어넘는
예비하신 길이 있기 때문이라

영적 눈으로 바라보라
밀어 주시고
인도해 주시고
보호해 주신다

희망이 없어 보이는 이방 여인 룻은
비참하고 망해가는 인생이 아니라
예비된 인생 은혜의 인생이었다

영적 눈을 크게 뜨고 보라
믿는 사람이 어리석게 보일지라도
복된 인생으로 인도하셔서
최후의 승리를 가져오리라

위를 바라보라

새로운 땅을 바라보라 목적을 가지고 바라보라
의미를 가지고 바라보면 소원을 이루리라
  그리하면 축복의 땅을 주리라
  하나님은 ○○에게 말씀하신다

희망으로 바라보라 믿음으로 바라보라
광야의 새로운 길 생명의 강을 바라보라
  그리하면 축복의 땅을 주리라
  하나님은 ○○에게 말씀하신다

위를 바라보라 진리를 바라보라
땅을 바라보지 말고 하늘을 바라보라
  그리하면 축복의 땅을 주리라
  하나님은 ○○에게 말씀하신다

잃어버린 과거를 바라보지 말고
앞으로 행하실 새로운 미래를 바라보라
　그리하면 축복의 땅을 주리라
　하나님은 ○○에게 말씀하신다

황량한 사막을 바라보지 말고
역사의 주인이신 하나님을 바라보라
　그리하면 축복의 땅을 주리라
　하나님은 ○○에게 말씀하신다

서로 사랑하자

십자가는 고통과 고난 수치의 상징이나
인류를 구원하시려고 대신 죽으심으로
십자가는 공의의 속성이요 사랑의 징표이다

주님처럼 하나님의 뜻을 이루어 드릴 때
우리 인생도 영광된 삶을 살 수 있다
주님은 새 계명을 주셨으니 서로 사랑하라

사랑을 찾기 위해 돌아다니기보다는
내 마음속에 사랑이 있고
사랑 속에 행복이 있다

사람은 사랑받기 위해 존재한다
사랑이 없으면 호흡 없는 사람 같으니
몸소 실천하므로 따듯한 세상이 된다

홍수에 목이 마르듯 참된 사랑이 없으니
한 번 사랑이 아니라
변함없는 사랑이 필요하다

옳은 길

길에는 육로와 해로 항로가 있으니
道는 사람이 지켜야 할 도리를 말하며
어떤 목적을 이루는 방법이다

주님을 따라가는 길이 옳은 길이며
축복의 길 진리의 길이고 생명의 길이기에
그 길은 시간과 공간에도 변하지 않는다

홍수로 끊어진 다리를 놓듯 죄로 끊어진 길을
주님께서 하나님과 사람 사이를 이어 놓았으니
예수님은 참된 진리요 활발하게 움직이는 생명이다

신앙생활

어떤 마음가짐으로 신앙생활을 할까
가인은 형식적으로 드린 제사였고
아벨은 진심으로 드린 제사였다

하나님의 법궤를 메고 가야 원칙인데
수레에 싣고 가다가 웃사는 변을 당했다
원칙을 무시하면 하나님이 화내시니
순종과 불순종의 차이다

내 중심의 신앙생활을 하지 말고
하나님 중심의 신앙생활을 하자
내가 편한 대로 신앙생활을 하지 말고
하나님이 원하시는 방식대로 하자

사람들은 결과를 보나
하나님은 과정을 보신다
사람들은 겉모습을 보나
하나님은 중심을 보신다

쉽게 편한 대로 대충대충 하지 말자
안 계시고 안 보시는 것 같지만
전능하신 하나님은 내 중심을 보신다

생명의 밥

육신의 생명은 끝이 있으나
영혼의 생명은 영원히 사는 것
영원한 밥인 주님을 먹으면
영양을 섭취하고 구원을 얻으리라

주님이 주시는 밥은 살이요
포도주는 언약의 피니
함께 먹으면 튼튼해진다

밥을 매일 먹듯이
생명의 밥은 거를 수 없다
기도와 찬송으로
매일 예배를 드리자

생명의 밥을 거르면
세상시험에 드니
튼튼해야 악한 영을 이길 수 있다

육신이 허기지면 밥을 찾듯이
영혼이 허기지면 예수님을 찾아
허기진 생명의 밥을 먹자

영혼이 잘되면 복을 받는다
날마다 생명의 밥인 주님의 은혜를 누려
오늘도 내일도 하나님 뜻을 펴서
영원한 생명이신 주님을 의지하여 승리하자

모든 백성의 하나님

나는 배고플 때 혼자 밥을 먹지만
하나님은 먹는 나를 보고도 배부르시다

나는 아플 때 누워 있지만
하나님은 나를 업고 병원엘 가신다

나는 사업에 실패할 때 주저앉지만
하나님은 나를 일으켜 주신다

나는 취직하려고 노력할 때
하나님은 나를 위해 기도하신다

나는 남보다 앞서가려고 하지만
하나님은 나와 함께 가신다

나는 육체를 위해 일하지만
하나님은 영혼을 위해 일하신다

나는 혼자 돈을 많이 벌려고 하지만
하나님은 여럿이 잘살도록 도와주신다

나는 나를 위해 살지만
하나님은 모든 백성을 위해 사신다

하나님의 복

하나님을 의지하는 사람은
복된 땅을 받으며
강건함을 받으며
옥토의 삶을 받으며
샘물의 삶을 받으며
윤택의 삶을 받으며
보람의 삶을 받으며
하늘의 별과 같은 자손을 보리라

하나님을 의지하는 사람은
욕심을 따라 살지 않으며
경건한 삶과
아브라함 같은 삶과
사명자의 삶과
넘치는 은혜의 삶을 살아
부메랑같이 주면 다시
되돌아오는 복을 받으리라

하나님을 의지하는 사람은
남을 먼저 존경하며
남을 인정해 주며
남에게 먼저 대접하며
남에게 물질을 나누어 주어
주께 대하듯 하고
언약 앞에 거룩하면
누르고 흔들어 넘치는 복을 주시리라

눈물의 기도

여성은 남성을 크게 감화시켜 큰 사람을 만든다
룻은 보아스와 결혼하여 다윗의 조상이 되었으며
마리아는 예수님께 부탁하여 포도주를 만들었고
한나의 눈물어린 기도로 선지자 사무엘을 키웠다
눈물의 기도는 완고한 남성을 부드럽게 만들며
연약한 눈물이 진정한 회개로 돌아서는 역사가 있다

시계는 한 개만 있어야 시각이 정확하듯이
유일신인 하나님만을 존경해야 복을 받는다
목표에 빗나가는 화살은 멀리 벗어나듯이
올바른 신앙생활로 중심을 지켜야 한다
우선순위가 삶을 좌우하니 돈과 권력보다는
하나님의 일을 먼저 헤아려 실행해야 한다

벼이삭

어둠이 가시지 않은 새벽에
매일 4킬로가 넘는 길을 걸어서
기도하러 오시는 원로장로님
젊어서는 똑바로 서서 걸었으나
겸손하라 겸손하라 음성이 들릴 때마다
허리가 땅을 향해 굽으셨다
누렇게 익어가는 벼이삭처럼

겸손

맞은편을 인정해야 나도 인정을 받느니
겸손해야 다른 생각을 받아들이며
겸손해야 창의력이 생긴다

마음을 지키는 것이 중요하니
마음은 삶의 표현이며 행동이다
마음은 볼 수 없으나 살아온 삶으로 안다

예수님 마음을 품으면 흔들리지 않고
주님처럼 사랑으로 용서하며 낮아지리라
사람답게 사는 미덕은 오직 겸손뿐이다

좋으신 하나님

고통스러울 때 의지하는 믿음과
때를 따라 좋은 것으로 주시는 하나님
영원을 사모하는 마음은 시간을 초월하니
힘겹고 어려울 때 인생을 아름답게 해 주시는 하나님

내 인생의 주관자이심을 아오니
시련이 올 때마다 이길 힘을 주시는 하나님
한평생 하나님 인도하심을 감사하리니
기쁠 때나 슬플 때나 항상 도우시는 좋으신 하나님

내가 살아가는 이유

사랑하는 자리에
사랑이 넘치는 자리에
사랑이 드러나는 자리에
내가 그 속에 있게 해 주시옵소서

이웃이 힘들 때
사랑할 만한 구석이 없어도
내가 먼저 사랑하여
조건 없는 사랑을 하게 하옵소서

눈을 딱 감고
계산하지 않고
어떤 이익을 구하지 않고
조건 없이 사랑하게 해 주시옵소서

진리

사랑을 심으면 사랑을 거두고
미움을 심으면 미움을 거두고
복을 심으면 복을 거두고
남을 속이면 나도 속는다

남에게 대접을 하면 대접을 받고
남을 존경하면 나도 존경을 받는다
남을 업신여기면 나도 업신여김을 받고
남에게 베풀면 몇 배로 되돌아온다

성령 충만

성령 충만하면 두려움이 없어지고
끌려다니던 세상을 끌고 간다
아는 지식은 머리로 깨달으나
성령 충만하면 가슴으로 깨닫는다
소양댐이 소양강에 연결되어 있듯이
내 영혼이 하나님과 연결되어 있으면
성령 충만하여 매일 기쁜 날을 맞이하리라

큰 믿음

이삭을 바친 아브라함처럼
가장 귀한 것을 바치면
하늘의 별처럼 번성하리라
순종은 높임을 받고
기다림은 응답을 받는다

3 장

우리는 하나

하나가 된 하나님
하나가 된 예수님
하나가 된 성령님

우리 가정도 하나요
우리 교회도 하나이며
우리 사회도 하나다

갑과 을의 관계에서 하나가 되자
동서를 묻지 말고 하나가 되자
국적에 관계없이 하나가 되자
부자와 가난한 자가 하나가 되자

가정에서나
직장에서
사회에서
세상이 하나가 되자
용서와 화해로 하나가 되자

걸작품의 비밀

한 사람 한 사람은 모두가 하나님의 걸작품
저마다 인생이 복되게 살아가기를 원하신다

십자가의 보혈로 죄의 멍에를 끊고
그리스도와 함께 우리를 절망에서 일으키셨다

성령을 받으면 죄를 범할 수 있는 인간에서
죄를 범할 수 없는 인간으로 변화된다

구원받은 은혜에 감사하며 살아가면
기쁜 일들이 가득 차 하루하루가 행복하리라

하나님 나라

깨알보다 작은 겨자씨에도 생명이 들어있으나
하찮은 그 씨가 크게 될 것이라고 생각하지 않는다
업신여기고 보잘것없는 겨자씨도 땅속에서 자라면
무럭무럭 자라서 새들이 깃들고 시원한 그늘을 만들어준다
이와 같이 매일 매일의 기도가 쌓여 하늘 문이 열린다
땅은 사람의 마음이며 겨자씨는 하나님 말씀이다
기름진 땅에 떨어진 겨자씨가 몇백 배 자라서 큰 나무로 자라듯
우리의 믿음도 예배와 찬송과 기도로 변화되어 큰 능력을 얻게 된다
겨자씨 같은 신앙을 잘 가꾸어 하나님 나라에 모두 들어가자

기도의 능력

희망이 없는 순간 기도하라
신기한 일을 예비하신 주님께 기도하라
할 수 없는 일을 할 수 있게 하시는 주님께 기도하라
확실히 믿고 기도하라

기도하면 잠긴 문이 열리고
기도하면 해결해 주시고
기도하면 밀어주시니
지금도 일하시고 들어주시는 주님을 믿어라

기도의 문은 안으로 잠겨 있으니
내가 풀고 들어가 바라고 믿으며
쉬지 말고 기도할 때
신기한 문이 열려 하나님이 도와주신다

임마누엘의 하나님

재해에도 원망하지 말자
풍랑에도 꺾여 쓰러지지 말자
내일 일은 내일 걱정하자

어떤 형편에 놓였더라도
선한 길로 이끄시리니
하나님이 함께하시면 확 트이리라

인생 풍랑을 만나면 고달프나
목적지로 더 빨리 가리니
임마누엘 하나님을 믿고 따르자

작은 천국

가정은 작은 천국이요 식구들의 보금자리니
부부가 행복해야 자녀들도 행복하고
가정이 행복해야 사회도 행복하다
세상 권력과 재산보다는 가정의 행복이 먼저다
  스스로 가정을 지켜야 하나님도 지켜주시고
  부지런히 일을 해야 하나님도 복 주신다

기도와 찬송으로 신앙을 지키면 가정이 부흥되고
가정이 화목하고 자녀들이 올곧게 자란다
하나님 말씀으로 신앙을 바로 세워
지식의 근본인 하나님을 존경하자
  스스로 가정을 지켜야 하나님도 지켜주시고
  부지런히 일을 해야 하나님도 복 주신다

중보기도

하나님께서 만드신 자연의 법칙과 계획하심을 바라보게 하소서
하나님이 두루 쓰시는 깨끗한 그릇되어 봉사하게 하소서
하나님의 영광이 후손에게 대대손손 이어지게 하소서
저에게 지혜가 있다면 착한 행실로 실천하게 하소서
제가 가는 곳마다 시기와 다툼이 있는 곳에 화평을
슬픈 곳에 웃음꽃을 피우게 하소서
병자들의 아픔을 가엾은 마음으로 함께 느끼면서 치료하게 하소서
그리하여 모든 이들에게 축복의 결실을 맺도록 기도하게 하소서

누가 행복한 사람인가

남에게 빚진 것이 없고
나라 법을 어기지 않으며
살아가는 데 전혀 매이지 않고
사람과 하나님 앞에 부끄러움이 없는 사람
그보다 더 행복한 사람은 스스로 자유를 내버린 사람이다

한 사람에게 매인 사람은 참사랑을 하는 사람이니
몸도 매이면 마음도 매여야 한다
그를 위해 죽을 수 있다면 행복한 사람이니
하고 싶어서 사랑하는 사람은 후회하지 않는다

내가 종이 되어야 주인이 될 것이며
내가 수고해야 영광을 얻을 것이며
내가 죽어야만 생명의 열매가 맺는다
그러므로 버린 만큼 얻고 얻은 만큼 버려야 하며
값진 하나를 얻기 위해 다른 것은 모두 버려야 행복하다

생명의 열매

지금 무슨 일을 하고 계십니까
목적을 어디에 두고 있습니까
돈을 얼마나 버십니까
남들이 나를 칭찬하고 있습니까
그런 것들은 그리 중요하지 않습니다

마지막 목적은 생명을 구원하는 일이니
영원히 후회 없고
보람 있는 일이며
하나님의 뜻을 이루어가는 일이니
일생에 가장 귀한 일입니다

새들이 열매를 먹고 씨를 버리면
흙 속에서 생명이 움트듯이
내가 제사음식이 될 때
그 어디엔가 생명의 열매가 맺습니다
내 눈물이 강물이 되게 하소서
한 생명이 주님 품으로 돌아온다면

시험을 이기신 예수님

많고 많은 시험 중에 금식 후에 시험을 당하셨다
돌이 떡이 되게 하라고 마귀는 말했으나
세상에서 부족한 것은 채워지지 않지만
하나님 말씀은 넉넉하게 채워주시리라

성전 위에서 뛰어내리라고 했지만
주님은 하나님을 시험하지 말라고 하셨다
의심은 기도하면서 생기나
시험은 복 주시려고 하니 조건 없이 섬겨라

권력과 건강 재산은 영원토록 가지 않으나
인생의 주인이신 하나님은 바뀌지 않는다
세상영화는 지나가고 모두 흙으로 돌아가니
하나님을 섬기고 사는 천국소망은 영원하리라

야베스의 기도처럼

바쁘다는 것은 할 일이 많다는 뜻이니
하나님께 기도하고 순간순간을 가려내게 하소서
여호와는 약속을 이루어주시는 하나님
외로운 갈대를 꺾지 않으시고 위로해 주시는 하나님
저를 통하여 하나님을 높이려고 지역을 넓혀주시고
저를 통하여 하나님 이름을 널리 알려 영광 받으소서
하나님의 섬세한 손으로 저를 도와주시고
저와 인연 있는 사람들이 근심 없이 복 받게 하옵소서
마음에 담긴 진실된 기도를 드리면
알았어 그대로 해줄게
그 자리에서 허락받고 행복한 생활을 하게 해 주시옵소서

사명감

사울은 사명감이 없기에 버리셨고
다윗은 사명감이 있기에 들어 쓰셨다
장로도 사명감이 없으면 쓸모없고
평신도도 사명감이 있으면 귀히 쓰신다
주님은 사명과 열정을 보시고 기억하신다

잃어버린 사명을 도로 찾으려면
결단이 필요하고
정성이 필요하고
준비가 필요하고
기도가 필요하며
합심이 필요하다

굳센 믿음確信

복잡한 일일수록 단순하게 생각하듯
구원받기 위해서는 믿기만 하면 돼요
겨자씨 한 알만한 믿음이 있어도
이 산을 저 산으로 옮길 수 있답니다

내 경험 내 생각대로 하지 말고
어려움이 있을수록 의지하는 믿음
그 믿음 위에서 힘쓰면 신기한 일이 나타나지요
믿음은 바라는 것들의 참모습이기 때문입니다

의인은 믿음으로 말미암아 살아서
다윗이 골리앗을 이겼으며
노아는 산 위에서 배를 만들었고
예수님은 관리의 죽은 딸을 살리셨습니다

순종하며 감사하라

감사는 선택의 문제가 아니라 순종함으로
예수 안에서 완전히 뒤바뀐 인생
예수 안에서 삶의 의미가 달라진 인생
예수 안에서 목적이 달라진 인생
예수 안에서 가치관이 달라진 인생으로
어떤 환경 속에 있더라도
감사하는 삶을 누리게 되리라

하나님을 신뢰하고 감사하라
온갖 일에 감사하라
지금 가진 것으로 감사하라
살아 있는 것으로 감사하라
신앙생활 하는 것을 감사하라
식구들과 함께 있음을 감사하라
한국인이 된 것을 감사하라
감사의 분량만큼 행복의 분량도 커지리라•

데살로니가 전서 5장18절

• 타고르 시 중에서 응용

곽철영 목사님 영전에

주님이 부르셔서 본향으로 가신 곽철영 목사님은
소명을 가지고 예수를 증거하고
사랑과 정성으로 성도를 섬기며
교회를 지키는 오직 한 길만을 걸으셨습니다.

주는 목자 나누는 목자 돕는 목자로
평생을 올곧게 좁은 길을 가신 목사님은
이 분깃으로 내게 넉넉하다 하시고
단순 소박하게 사신 아름다운 삶이었습니다

곽철영 목사님
감사합니다 존경합니다 사랑합니다
세상풍파 괴로움 다 잊으시고
편안히 하늘나라로 가시옵소서

겨자씨의 꿈

꿈꾸는 사람만이 그 꿈을 이룰 수 있다
작은 겨자씨가 나뭇가지를 치면 새들이 깃든다
이 땅에서 하늘나라를 이루어 놓으려고
겨자씨 하나로 하늘나라 세우는 꿈을 꾸자
열렬히 바라는 사람은 놀라운 결과를 가져오리라

작은 불씨가 번져 큰 산을 태우듯이
시작은 미미하나 꿈꾸며 실천할 때 크게 되리라
겨자씨와 모래알 차이는 생명력이 있는 것이니
생명이 있을 때 큰 나무로 자라서 기둥감이 된다
꿈꾸며 기본기를 다지고 기도하라 그러면 무엇이든 이루리라

마태복음13: 31-32

하늘나라

성도들이 돌아갈 고향은 하늘나라입니다
집이나 자가용 자식이나 몸까지도 내 지닌 것이 아니니
땅에 눌어붙어 쥐고 놓지 않으면 하늘나라에 들어가지 못합니다
나그네가 하룻밤 자고 간 숙소에 미련을 갖지 않듯이
구경 다니는 나그네가 짐이 되는 것은 모두 내버립니다
가벼운 날개를 가지고 있는 새가 높이 날듯이
움켜쥔 두 손을 펴면 날개가 돋아 천사가 하늘나라로 안내할 것입니다

로마서 11: 31

기도은행

하늘나라에는
돈 맡기는 은행도
보석 맡기는 은행도 없지만
단 한 가지 기도은행이 있지요

새벽기도는 금리가 제일 높은 저금
뜨문뜨문 기도는 푼돈저금
쉬지 않고 기도하면 적립식 저금
기도는 향기로운 향으로 하늘은행에 쌓여요

하늘나라에 가면 세상에서 기도하는 양대로 쓰지요
기도로 원하는 집도 짓고
기도로 아름다운 정원도 가꿔요
그러므로 기도는 천국으로 들어가는 열쇠이지요

감사해요

감사해요 작은 일에도 큰일을 할 수 있는 시작이니까요
감사해요 넘어졌어도 일어날 수 있는 힘이 있으니까요
감사해요 실수했어도 다시는 같은 실수 하지 않으니까요
 감사는 운명을 바꿀 힘 있고 감사는 하나님 깊은 뜻 있죠

밤송이 속에 알밤이 있듯이 감사 속에 축복이 있고
메마른 땅에 샘물이 솟듯이 감사 속에 소망이 있고
가을에 알곡을 추수하듯이 감사 속에 기쁨이 있어
 감사는 운명을 바꿀 힘 있고 감사는 하나님 깊은 뜻있죠

데살로니가 전서 5장 18절

감사

생명을 지켜주심에 감사
영생을 허락하심에 감사
풍파가 닥쳐올지라도 감사
평강을 주심에 감사
아침을 주심에 감사
내일이 있어 감사
　주님께 영원히 영광을
　드릴 수 있음에 감사하라

길을 열어주심에 감사
환란에서 건져 주심에 감사
실수해도 감사
일용할 양식을 주심에 감사
사실대로 숨김없이 말하여 감사
갈급한 심정으로 아뢰어 감사
　주님께 영원히 영광을
　드릴 수 있음에 감사하라

시편30편 1-12

이삭의 성공비결

한 우물을 파야 성공하듯이
메마른 땅에서 우물을 파는 끈기와
풀밭을 일구는 개척정신
길이 없으면 길을 만들어가는 열정

시기와 질투는 소중한 힘을 낭비하는 것임으로
다른 족속과 싸움을 피하고 양보하는 지혜
내려놓고 베풀며 나누어줌으로
더 큰 우물과 백배의 축복을 받는다

하나님의 축복을 믿고 베풀면 많은 것으로 채우시고
움켜쥐고 놓지 않으면 다툼이 일어난다
하나님을 믿음으로 복 주시고 번성하여 부를 누렸던 이삭
양보하라 도전하라 길을 열어주신다

창세기 26장 12-23절

우리의 인생은

우리의 인생은 퍼즐 같은 것
하나님이 잘 맞추어 주십니다

우리의 인생은 시냇물 같은 것
낮은 곳으로 쉬지 않고 흘러갑니다

우리의 인생은 자갈길 같은 것
길이요 생명이신 예수님이 인도해 주십니다

우리의 인생은 순례자
세상 구경 다하면 본향으로 돌아갑니다

벧엘로 올라가자

하나님을 만나러 벧엘로 올라가자
복 주시기를 약속하시며
확실한 미래를 뒷받침保藏해 주신다
하나님이 함께하시니
일어나 앞으로 나가자

허허벌판曠野으로 나가자
의지할 곳이 없을 때
아무것도 없을 때
모든 것을 잃었을 때
바닥에 내동댕이쳤을 때
하나님을 만나러 가자

벧엘은 절망과 아픔에서
의지할 사람과 재물이 없을 때
하나님을 만나는 장소요
몸바치獻身고 맺고 끊어決斷
믿음의 돌단을 쌓아 십일조를 약속하리라
벧엘은 하나님과 함께 가同行는 출발점이 되리라

창세기 28장 13-22절

희망을 잡아라

바람이 있어야 연을 높이 날릴 수 있고
파도가 침으로 항해술이 발달했으며
꽃도 거름이 있어야 아름답게 피어난다

포기란 배추를 셀 때 쓰고
실패란 바느질 할 때 쓰는 것이니
실패했다고 포기하지 말고 희망을 잡아라

내가 받은 명령

빈곤한 산
절망의 산
질병의 산
근심의 산이 있을지라도
골짜기가 메워지고
큰 산이 낮아지리라

받은 명령이 없으면
재물욕심에
눌어붙기 쉬우니
날마다 나의 행실을 살펴
새로 받은 명령이 무엇인가를 깨닫고 실천하리라

운명이 험한 산처럼 가로막을지라도
큰 산아 네가 무엇이냐
네가 내 앞에 편편한 땅이 되리라

에스라6장 1-12절

일하시는 하나님

홍해가 갈라져 적들을 물속에 장사시킨 하나님
모르 두 개가 달릴 장대에 하만이 달리게 한 하나님
원수들은 승승장구 잘되는 것 같지만
하나님은 사탄의 공격을 역공하는 달인이시다

거칠고 사나운 파도야 몰려오라
예수그리스도의 이름으로 잠잠해질지어다

연약하다고 생각하는가
강한 것을 주시고
가난하다고 생각하는가
부요함을 주시는 주님을 의지하고
담대히 싸워 나가자

에스라 5장 3-17절

기도의 힘

낙심될 때 기도하라
절망 가운데 기도하라
고난 가운데 기도하라
다 끝났을 때 기도하라
할 수 없을 때 기도하라

성령의 주님
구원의 주님
나와 함께하시는 주님이
삶의 중심에 계시니
세상을 바꿀 수 있는 비전을 보리라

에베소서 3장 14-21절

능력의 하나님

하나님은
　　큰 산도 평지가 되게 하며
　　사막에 강을 이루리라

하나님께서
　　떠받칠 때 일어서며
　　함께하실 때 승리하리라

4 장

에벤에셀의 하나님

물을 쏟아 붓듯이 마음을 쏟아 부어 회개하라
죄악을 뿌리 뽑아야 다시 하나님을 섬길 수 있다
 에벤에셀의 하나님이 함께하셔서 승리케 하리라

두려움 앞에 도망치지 말고 여호와를 의지하라
하나님께 부르짖으라 위기의 순간 구원해 주신다
 에벤에셀의 하나님이 함께하셔서 승리케 하리라

아기예수님 마음

겸손하세요 온유하세요
인내하세요 용서하세요
 낮아지는 사람이 성숙한 사람
 이것이 바로 아기예수님 마음

기뻐하세요 감사하세요
순종하세요 화평하세요
 낮아지는 사람이 성숙한 사람
 이것이 바로 아기예수님 마음

에베소서 4장 29절

기도하자

어려울 때 기도하고 문제 앞에 기도하자
눈을 뜨면 기도하고 잠자기 전 기도하자
　비올 때 기도의 비옷을 입고
　폭풍 몰아칠 때 하나님께 피하자

어려울 때 기도하면 주님의 뜻 알게 되니
십자가 앞에 두고 하나님의 뜻을 구하자
　비올 때 기도의 비옷을 입고
　폭풍 몰아칠 때 하나님께 피하자

야고보서 5장 13-18절

하나님이 내 편이 되게 해달라고 기도하지 말고
우리가 하나님 편에 서게 해 달라고 기도하자

— 에이브라함 링컨

사랑의 원리

다 자란 사랑은 필요우선이지만
풋내기 사랑은 억지로 틀을 만드네
　태양빛을 받아 빛을 전하는 달처럼
　하나님 사랑 받아 온 세상 전하자

말씀으로 살면 원수도 사랑하니
사랑받는 것보다 주는 것이 기쁘네
　태양빛을 받아 빛을 전하는 달처럼
　하나님 사랑 받아 온 세상 전하자

에베소서 5장 1– 14절

여호와이레

믿음으로 결단을 내릴 때
하나님은 끝까지 책임지신다
이해되는 것만을 순종하지 말고
이해되지 않는 것도 순종하라
　여호와이레 여호와이레
　선한 길로 인도하시리라

할 수 없는 일도 믿고 시작하면
하나님은 준비해 역사하신다
세상일 계산하여 생각하기보다
올곧은 믿음이 승리하리라
　여호와이레 여호와이레
　선한 길로 인도하시리라

창세기 22장 1–14절

십자가

죽음

　원죄

　　저주

　　　질고

　　　　걱정

　　　　실패

　　　　　회개

　　　　　　구원

　　　　　　은혜

　　　　　　　믿음

　　　　　　　감사

　　　　　　　　축복

　　　　　　　　부활

　　　　　　　　승리

세월을 아끼라

쉬어야 새 일을 잘할 수 있고
잘 자야 새날을 맞이할 수 있다
아침을 기쁨과 감사함으로 맞이하리라

하나님과의 관계에서 어두웠던 과거를 회개하자
심령이 깨끗해진 오늘을 살아가며
희망의 미래를 새로운 피조물로 살아가리라

무작정 흘러가는 시간이 아니라
할 수 있는 한 모든 시간을 선한 일에 힘쓰리라
하나님이 기뻐하시는 삶으로 채워 가리라

에베소서 5장 15-21절

• 시간을 나타내는 두 가지 단어
  크로노스: 무작정 흘러가는 시간
  카이로스: 기회 또는 예정된 때

하나님의 위로

너는 여호와의 손 아름다운 관이니
고통과 연단 중에도 절망하지 마라
 고난 속에 희망을 슬픔 속에 기쁨을
 버림받을지라도 장미꽃같이 피어나리라

너는 외롭게 버려진 고아가 아니요
하나님이 기뻐하시는 아들이라
 고난 속에 희망을 슬픔 속에 기쁨을
 버림받을지라도 장미꽃같이 피어나리라

이사야 62장:1-5절

깨어 기도하자

진리의 허리띠와 의의 호심경
복음의 신발과 믿음의 방패
구원의 투구와 성령의 검으로
　깨어 기도하자 사탄의 유혹을 물리치자

좌우에 날선 성령의 검과
믿음의 방패로 사탄을 물리쳐
전신갑주를 입고 시험을 이기자
　깨어 기도하자 사탄의 유혹을 물리치자

에베소서 6장 10-17절

바벨탑

바벨탑은 교만과 욕망의 상징이니
하나님의 다스림을 거부하고
하나님처럼 되고픈 욕망의 탑이지요
인간이 바라는 것들의 탑을 쌓으니
풍성한 재물과 명성의 탑을 쌓지요

두렵고 존경하는 마음이 사라지고
하나님의 심판을 가볍게 여겨요
천한 자본주의 금송아지를 더 사랑해요
하나님보다 사업에 더 관심이 많으며
주일에 골프나 낚시 취미생활에 빠져요

하나님 이외의 다른 탑을 쌓고 있다면
공든 탑도 바르지 못하면 무너져요
믿음의 탑 기도의 탑은 튼튼한 탑이며
하나님과 올바른 관계는 생명의 탑이니
기도와 말씀의 탑은 튼튼한 탑이지요

창세기 11장 1–9절

야곱의 사닥다리

벧엘로 올라가자
사닥다리로 올라가자
천국으로 올라가자
하나님께로 올라가자

회개하며 올라가자
찬송하며 올라가자
손잡고 올라가자
계단마다 표시하며 올라가자

장로님이 내려오신다
백묵이 모자라서
지은 죄가 많아서
더 가져가려고 내려오신다

벧엘로 올라가자

하나님과 처음 만났던 곳
두려워 떨던 곳
벧엘로 올라가자

말씀에 감격했던 곳
기도할 때 눈물이 났던 곳
벧엘로 올라가자

실패의 장소에서 떠나
희망이 꺾인 장소를 떠나
대답 있는 하나님의 집으로 가자

대답 받고 복 받는 자리
근심 걱정 사라지고
하나님의 복을 도로 찾는 교회로 가자

창세기 35장 1– 15절

거룩한 삶

아내를 존귀하게 마주보며
성적 유혹을 경계해요
잠깐 헛된 생각에 넘어져요

이웃 사랑이 하나님 사랑
시간과 물질로 실천해요
힘써 일하며 선을 베풀어요

거룩한 삶을 싫어하는 것은
하나님을 싫어하는 것이니
오늘도 거룩한 삶을 살아야지요

데살로니가 전서 4장 1-12절

굳세고 담대하라

하나님께서 가라 명령하면
그 명령에 순종할 뿐입니다

어려운 문제를 뚫고 나가는 힘은
하나님을 향한 믿음입니다

굳세고 담대하라
어려울 때 이 음성을 듣고 앞으로 나갑시다

여호수아 1장 1-9절

삶의 주인

환경이 나를 거느리기보다
내가 환경을 거느리게 하소서
내 삶의 주인은 자신이기 때문입니다

과거의 노예가 되지 말며
미움을 받고 미워하지 말며
나무람을 받고 원망하지 않게 하소서

육신의 노예보다
마음의 노예가 되지 않으며
불평과 원망보다는
스스로 이끄는 삶을 살게 하소서

창세기 39장 1-6절

복음의 길

늘 예수 그리스도를 기억하고
마음중심에 복음이 있게 하소서
기쁠 때나 슬플 때나 복음으로 살게 하소서
예수중심의 삶은 내어주고 내려놓는 길
골고다 십자가의 길이 복음의 능력입니다
영광 받기만 좋아하지 말게 하시고
업심 여김도 이기게 하옵소서
사자 밥이나 단근질을 받을지라도
고난 속에 주님을 바라보며
묵묵히 복음의 길을 걷게 하소서
주님 안에 있는 구원을
영원한 영광과 함께 받게 하옵소서

디모데후서 2: 7–9

입술의 열매

작은 불씨가 큰 산을 삼키듯
큰 배를 움직이는 것은 키요
몸에서는 혀가 방향키 구실을 합니다

칼과 같은 말 한마디에 죽고 살며
말은 수렁에 빠진 사람을 살리는 밧줄이며
말은 죽어가는 영혼을 구원하는 소리입니다

말에는 변화시키는 힘이 있으며
말에는 희망을 가지는 힘이 있으며
말에는 힘이 있어 말의 씨가 됩니다

하나님은 말씀으로 천지를 창조했으니
입술의 말로 믿음 소망 사랑을 전하며
복된 말이 늘 입술에서 떨어지지 않게 하소서

내 입술에 파수꾼을 세우시고
내 입술의 문을 지키게 하옵소서
내 입술의 모든 말이 주님께 기쁨이 되게 하소서

야고보서 3: 2—5절

혀의 힘

혀는 양날을 가진 칼이니
혀로 삶 전체를 바꿀 힘이 있습니다
내 혀로 거짓말과 욕을 하지 않게 하시며
축복의 말과 사랑한다는 말만 하게 하소서

내 입술에서 축복의 말이 나오면 축복을 받고
내 입술에서 소망의 말이 나오면 소망이 있고
내 입술에서 사랑의 말이 나오면 사랑하게 되며
내 입술에서 감사의 말이 나오면 감사를 받게 됩니다

숨김없이 말하면 배의 키처럼 삶을 결정하니
내 기도의 소원을 들어주시기를 바랍니다
내 입술이 사랑으로 내 입술이 소망으로
축복의 입술로 들어주시면 얼마나 기쁠까요

야보고서 3:1–12

인생의 집

진실된 믿음은 사람에게 보이려고
하나님 얼굴을 가리지 않아요
모르는 것이 부끄러운 것이 아니라
거짓말과 거짓행동이 부끄러워요
　마음 한가운데에 성경으로 가늠하여
　믿음의 너럭바위에 인생의 집을 지어요

어머니가 자식을 기르는 정성으로
아버지가 흠 있는 아들을 돌봄같이
영혼이 병들고 실망할 때 손 내밀어
온유한 마음으로 자비를 베풀어요
　마음 한가운데에 성경으로 가늠하여
　믿음의 너럭바위에 인생의 집을 지어요

구원의 약속

구원의 약속은 좋은 선물
구원의 약속은 수표와 같은 것
수표를 은행원에게 달라고 하여
싸인만 하면 되는 것이지요
믿음으로 기도하고
이루어질 때까지 간절히 바라면
약속한 말씀이 이루어지는 것이지요

기도의 힘

하나님을 믿는 확신을 가지고 기도해요
중심으로 기도하면 지혜를 주세요
　힘들 때 두려우나 기도할 수 있어요
　기도는 세상을 이길 수 있는 핵폭탄이죠

나를 사랑하시고 응답하시는 하나님
내가 털어놓은 만큼 들어주세요
　힘들 때 두려우나 기도할 수 있어요
　기도는 세상을 이길 수 있는 핵폭탄이죠.

분명한 목적으로 자세하게 기도해요
막연히 꿈꾸지 말고 비전을 보세요
　힘들 때 두려우나 기도할 수 있어요
　기도는 세상을 이길 수 있는 핵폭탄이죠

가까이 다가와 귀기울이시고 도와주셔서
최후에 승리케 하시는 좋으신 하나님
　힘들 때 두려우나 기도할 수 있어요
　기도는 세상을 이길 수 있는 핵폭탄이죠

느헤미야 1장 1-6절

아름다운 사람

부모의 사랑이 마땅한 것처럼
구원을 마땅한 것처럼 여기나
하나님의 자녀 됨을 감사해요

하나님 보시기에 아름다운 사람은
고난이 와도 기도하고 의지하며
죽음을 무서워하지 않는 성도지요

그 자리가 아름다운 사람은 장미꽃처럼
주님의 향기를 뿜어 기쁨을 주며
구원의 일꾼이 되는 성도지요

히브리서 11장 23-26절

신을 벗어요

맨발로 땅을 밟는다는 것은
살아있다는 증거요
　그 모습 그대로 하나님께 서세요

우리들은 연약하기에 신을 벗어서
두려움을 잊어버려요
　그 모습 그대로 하나님께 서세요

신을 벗어야 겸손해지며
겸손해야 하나님의 사명을 받아요
　그 모습 그대로 하나님 앞에 서세요

무너지는 여리고성

문제 앞에 말씀으로 순종하세요
그러면 여리고성 같은 고민도 무너집니다

문제 앞에 믿음으로 외쳐 보세요
그러면 여리고성 같은 문제도 무너집니다

감사를 잃어버린 시대

가난과 싸워 이기는 사람은 있으나
재물과 싸워 이기는 사람은 드물듯이
가난할 때는 감사를 알았으나
배부르니 감사를 잃어버렸어요

넘어졌다 달리는 사람에게는 박수를 보내나
넘어지지 않고 달리는 사람에게는
박수를 보내지 않듯이
병들었다가 나으면 감사하나
건강하면 감사할 줄 몰라요

좋을 때나 형편이 어려울 때도 감사
마음이 아파도 감사 마음이 좋아도 감사
죽을병이 들어도 감사 살려주셔서 감사
무슨 일을 만나도 감사 안 만나도 감사

불행한 일을 당할 때 감사하면 불행이 끝나고
확 트인 일을 만났을 때 감사하면 트인 일이 길게 가지요
별빛에 감사하면 달빛만큼 주시고
달빛에 감사하면 햇빛만큼 주세요
늘 선한 길로 인도하시는 하나님 은혜에 감사해요

사도행전 16장 19–34절

믿음 안에서

사람들을 비교하지 마세요
비교하기 시작하면 불행해져요
세상일에 흔들리지 않는 믿음
어떤 형편에서도 변치 않는 믿음
  믿음 안에서 항상 감사해
  믿음 안에서 항상 기뻐해

하나님이 기뻐하는 자녀는
어떤 장벽도 넘을 수 있어요
너는 내 사랑하는 아들이라
주님 음성이 세상을 이길 힘이죠
  믿음 안에서 항상 감사해
  믿음 안에서 항상 기뻐해

조건 없는 감사는 진정한 감사
조건 있는 감사보다 진정한 감사
조건 없이 믿는 믿음은 진실한 믿음
사업에 이용하는 믿음은 가짜믿음
　믿음 안에서 항상 감사해
　믿음 안에서 항상 기뻐해

마태복음 3장 13–17절

5 장

九패一승

취직 시험에서 붙기보다 떨어질 수 있으니
떨어진 경험으로 다음 기회를 준비하세요
완승하기보다는 실패하기 쉽고
실패를 이겨낸 후 전승할 수 있어요

불가능을 가능케 하는 힘은 인내며
실패를 담차게 이기는 힘은 믿음이지요
문제를 해결하는 것보다 먼저인 것은
하나님과의 관계를 돌이키는 길이지요

실패한 인생이 아니라 승리한 인생으로
꺾인 인생이 아니라 일어서는 인생으로
늘 말씀 안에서 하나님 은혜를 감사하며
아홉 번 실패했더라도 한 번의 승리를 향해 나가야지요

여호수아 8:1- 9:30-35

승리의 비결

하나님 이름으로 맹세한 사람은 지켜주시리라
하나님 이름으로 약속한 사람을 기뻐하시리라
약속에 손해가 나더라도 그 손해를 갚아 주시리라
옳지 못함不義에 의견을 맞추지妥協 않으면 잘되게 해 주시리라

어떠한 형편에서도 하나님을 제일의 가치로 두라
주님의 일을 먼저 행할 줄 아는 지혜를 깨달으라
우리를 짓누르고 있는 많은 문제들에게 쌈 걸어挑戰라
그리하면 하나님이 대신 싸우셔서 승리케 하리라

여호수아 10: 7-15

씨름꾼

하나님과 씨름해 보자
끝까지 힘쓰고 애써보자
밤낮 부르짖자
매달리자
죽기 살기로 간절히 바라보자
다리뼈가 부러질 때까지 덤벼 보자
하나님을 향한 열정
갈급함과 간절함이 있을 때
그 분은 슬그머니 져 주신다

창세기 32: 25-32

먼저 사랑하게 하소서

하나님이 저를 먼저 사랑했으니
저도 남을 먼저 사랑하면
서로 사랑하게 됩니다
그러므로 제가 먼저 사랑하게 하소서

하나님 모습대로 저를 만드셨으니
조건 없는 사랑을 하게 하소서
사랑에 보상받기 원한다면
그 가치를 따질 때 다툼이 일어납니다

사랑받을 자격이 없는 저를 사랑하신 주님
그 사랑으로 미운사람을 사랑하는 것이
주님을 사랑하는 것이라 믿습니다
제 힘이 아니라 보혈의 공로로 사랑하게 하소서

온전한 사랑은 두려움과 걱정이 사라지니
오직 주님만을 바라보며
아버지 품에서 사랑을 베풀 때
원수도 사랑하게 하소서

요한1서 4: 19-21

이 산지를 내게 주소서

한번밖에 없는 인생 위대한 삶을 살리라
독수리 같은 야망을 품고 도전하리라
도전할 수 있는 나이에 도전하리라
말할 수 없는 고통이 클지라도
한결같이 목표를 향해 나가리라

단순한 믿음이 강한 힘을 발휘한다
어떤 장애물이 있어도
하나님이 함께하시면 승리하리라
내 형편과 환경을 기준 삼지 말고
열심히 충성하면 약속이 이루어지리라

갈렙은 칭찬에 목말라하지 않았으며
따지거나 형편에 예민하지 않았다
하나님과 사람 앞에서 묵묵히 일했다
45년 동안 헤브론산지를 얻기 위해 기다렸던
그는 이 산지를 내게 주소서라고 말했다

여호수아 14: 6–15

후손들에게

불평을 찬송으로 바꿀 수 있는 힘
원망을 용서로 바꿀 수 있는 힘
미움을 기쁨으로 바꿀 수 있는 힘
사망을 생명으로 바꿀 수 있는 힘
모든 고난 중에 깊이 깨달음은
하나님이 함께하심입니다
하나님의 능력은 우리의 힘이며
말씀에 순종하는 신앙은 복됩니다
그러므로 말씀을 지키는 것이
하나님을 사랑하는 것입니다

여호수아 23: 11-16

도피성

예기치 않는 위기의 순간을 위해
평생 적금을 들어놓았는가
건강 보험은 들어놓았는가
인맥은 쌓아놓았는가
이래도 저래도 마음은 편치 않네
늘 불안하고 마음이 복잡하네

시대변화에 약한 마음을 보이지마라
그러면 어떻게 편히 쉬어야 하는가
내게 달려오너라 나는 도피성이다
하나님은 피난처 그만 믿고 들어가자
실수를 용납 받을 수 있는 곳
비전과 소망이 있는 그 곳으로 가자

피할 길을 열어주시고
실수한 우리를 위로해 주시는 주님께
회개하고 도피성으로 들어가자
도피성은 예수그리스도시니
삶이 막막할 때 인생의 답을 주신다
있는 모습 그대로 예수님께 나가자

여호수아 20: 1–9

배신자가 되어

여우가 내게 베드로가 되라 한다
예수님이 당한 배신의 쓴맛을 보라 한다
까마귀가 내게 가룟 유다가 되라 한다
돈과 스승을 구분하지 못하고
은 삼십 냥을 받고 판 배신자가 되라 한다

연은 더러운 물에서도 아름답게 꽃 피고
물오리는 매일 깨끗한 창포물로
깃털을 씻고 있는데
오늘도 나는 시장바닥에 앉아
사람 머리수를 돈으로만 계산하고 있다

빈 껍데기

해변을 걷는다
백사장 위에 소라 껍질
알맹이는 어디 가고
빈 껍데기 속에 모래만 가득

십자가를 쳐다본다
예수님은 간 곳 없고
내 머릿속에는
세상 욕심만 가득

집짓기

바람 부는 날 잔가지가 부러지는 것은
새들이 높은 나무에 집을 지으려는 뜻입니다
저도 부러지지 않고 꼿꼿이 서있으면
하늘나라에 아무 쓸모없는 사람이 될 것입니다

지식도 부러지게 하옵소서
경험도 부러지게 하옵소서
성격도 부러지게 하옵소서
재산도 부러지게 하옵소서

그리하여 내 몸과 영혼을
지상낙원을 짓는데 사용하여 주옵소서

환자의 기도

순종은 나의 몫이요
일은 하나님이 하십니다
내 상식 내 판단을 뛰어넘게 하소서
내 편견 내 선입감을 내려놓게 하소서

항변하지 않게 하소서
의심하지 않게 하소서
절망하지 않게 하소서
낙심하지 않게 하소서

믿음은 순종이며
순종은 능력이오니
어린아이 같은 마음으로
기도하여 치유되게 하소서

빛으로 오신 아기예수님

희망으로 오셔서
할 수 있다고 하시는 예수님
죄악 된 세상에서
낮은 자를 높이시고
주린 자를 먹이시는 예수님
생명의 빛으로 오셔서
만물을 기르시는 예수님

어둠속을 지키어
용기와 기쁨을 주신 예수님
불의가 곰팡이처럼
퍼져나가는 세상에
병든 자를 치료하시는 예수님
아기예수여!
진폐塵肺 세상을 천국으로 만드소서

마태복음 4: 15-16

나는 누구인가

나는 우연히 던져진 존재인가
아무런 목적 없이 살다가 한줌의 재로 남을 것인가

화가의 이름에 따라 명화가 되듯
내 가치는 하나님 모습대로 만드신 분
뜻 있는 인생이기에 목적 있는 존재
나는 하나님의 아들임으로 그와 함께 하신다

하나님이 보내 주셨기에 할일이 있다
그러기에 부르고 세우고 일을 주셨다
진실하게 살면 하나님이 도와주신다

에베소서 1;1-6

복중에 복

돈 많다고 복 받은 사람인가요
건강하다고 복 받은 사람인가요
권력 있다고 복 받은 사람인가요
하나님이 택하신 사람이 복된 사람이죠

하나님이 부르셔 자녀 되면 복 중의 복
하나님 손 안에 사는 사람이 복 중의 복
하나님이 붙으시는 인생이 복 중의 복
하나님이 이끄시는 삶이 복 중의 복

내 뜻대로 하는 것이 행복이 아니라
하나님 뜻대로 사는 것이 행복이지요
내게 주신 은사를 사명으로 알고
열심히 일하는 사람이 복되고 복된 사람이죠

십자가 종탑

오뉴월 꾀꼬리 소리 들으며
높다란 종탑은
누구를 기다리나
멀리멀리 어머니 품을 떠난
아들을 기다리지

동짓달 매서운 바람 맞으며
높다란 종탑은
누구를 기다리나
하나님을 인정하지 않고 사는
형제자매를 기다리지

작은 일에도 충성

땀 흘리지 않고 성공할 수 있나요
일하지 않고 성공할 수 있나요
가볍게 여기고 성공할 수 있나요
꾀부리고 성공할 수 있나요
게으르면 성공할 수 없어요

능력 있다고 성공하나요
똑똑하다고 성공하나요
셋줄背景 있다고 성공하나요
학별 있다고 성공하나요
온 힘最善을 다해야 성공하지요

지금이 온 힘을 다할 때
이 시간이 온 힘을 다할 때
어려워도 온 힘을 다할 때
작은 일에 충성하면 큰일에도 충성하며
충성하는 사람이 복된 사람입니다

누가복음 19: 11–27

울리지 않는 종

종이 울리지 않는 까닭은
가뭄에 강물이 마르듯
내 눈물이 마른 때문입니다

종이 울리지 않는 까닭은
내 죄를 도둑방귀 뀐 것처럼
감추어 두었기 때문입니다

종이 울리지 않는 까닭은
주님을 위한 척 하면서
내 사업에 이용했기 때문입니다

종이 울리지 않는 까닭은
사회는 여름꽁치 썩듯 하는데
나는 소금구실을 못했기 때문입니다

종이 울리지 않는 까닭은
에덴동산을 파괴하고 황금송아지에
경배하기 때문입니다

축복의 길

마땅한 것에 감사하라
어려운 시절을 기억하고 감사하라
배고팠을 때를 기억하고 감사하라
병들었을 때를 기억하고 감사하라
헐벗었을 때를 기억하고 감사하라
지난날을 뒤돌아보고 감사하라

물이 흘러 여러 생물을 키우듯이
복을 흘려 나누어주어라
지식을 흘려 나누어 주어라
재산을 흘려 나누어 주어라
내게 주신 복을 즐거운 놀이에 헛쓰지 말고
남에게 흘러 보내는 복된 길이 되어라

내가 가는 곳마다 복된 길이 되어라
마음에 담긴 참마음으로 주라
네가 그리워지고
만나고 싶은 사람이 되어라
그리하면 복의 복을 더하시고
모든 일이 확 트이리라

신명기 16장 9–17절

건강한 교회

성경을 기준으로 하는 교회
기초를 튼튼히 쌓는 교회
영혼이 바르게 성장하는 교회
진정 그리스도를 모신 교회
날로 새롭게 변화하는 성도로
하나님께 합당교회가 건강한 교회

함께 모여
사랑하고
서로 돌보며
함께 은혜를 나누고
서로 나누어 가지는 교회는 건강한 교회

사도행전 2: 43—47

달란트

주님이 말씀하시기를 어느 마을에
약삭빠르고 게으른 종이 살았대요
한 달란트를 땅 속에 묻었다가 주인에게 드렸어요
게으르고 악한 종이라고 야단을 맞았어요

다섯 달란트를 받은 종은 두 배로 늘렸어요
착하고 충성된 종이라고 칭찬 받았어요
적은 일에 충성했으니 많은 것으로 맡기겠다고 했어요
세상을 변화시키려면 갈망하고 우직하게 살아야지요

마태복음 25:14−30

• 달란트는 로마제국의 화폐로 1달란트는 3억원
• 잡스도 외쳤어요.
  "계속 갈망하라. 여전히 우직하게!"

가장 큰 은사

세상나라들은 돈과 권력으로 움직입니다
주님나라는 공로 없이 받은 은사입니다
값없이 주신 선물로는 지혜와 예언
병 고침과 방언과 능력들이 있으나
그 중에서 가장 큰 은사는 사랑입니다

정치인이 양로원에 큰 선물을 했더라도
딴 마음을 품고 했다면 사랑이 아니요
아름다운 대리석으로 치장한 교회로
몇만 명이 모이는 교회라 할지라도
사랑 없는 교회는 알맹이 없는 조개껍질 같습니다

사랑 없는 모든 영적 은사는 거짓이며
아무런 변화도 아무런 의미도 주지 못합니다
하지만 아무리 작은 일이라도 참된 사랑이라면
그 속에는 놀라운 역사와 변화를 경험할 수 있습니다
사랑은 심령을 변화시키고 이로움을 주는 큰 은사입니다

고린도전저 12:27-13:

꿈꾸어라

꿈꾸는 사람은
기쁨이 있고
삶에 이유가 있으며
살아야 할 목표가 있다

꿈은 백지수표와 같은 것
하나님이 주신 수표에 꿈을 적어보자
꿈은 클수록 좋고
꿈은 클수록 아름답다

전능하신 하나님은 우리가 달라는 대로 주신다
먼저 올라간 사람이 산 정상을 차지하듯이
꿈도 먼저 갖는 사람이 임자다

하나님 입장에서 생각해 보라
우리는 던져진 존재가 아니라
지혜와 능력을 무한대로 펼 수 있다

꿈을 탐욕과 쾌락으로 허비한다면
생명이 아깝지 아니한가
가치 있는 일에 시간을 투자하자

꿈을 이룬 성공이 꽃이라면
사명은 그 열매니
내가 가지고 있는 것으로 극대화하자

비겁하게 핑계대지 말자
네가 하냐 하나님이 이루어주신다
능력 주시는 자 안에서
모든 것을 다할 수 있다

없는 것을 말하지 말라
있는 것을 가지고 나아가라
안된다고 말하지 마라 하면 된다

고통의 시간은 열매를 맺은 거름이다
목숨을 걸고 꿈을 꾸어라
꿈은 나이가 없다
성공을 꿈꾸지 말고
사명을 꿈꾸어라

출애굽기 4:10-17

- 성공은 내 자신을 위한 일
  사명은 하나님을 위한 일

오뚝이 삶

성을 빼앗는 것보다
마음을 다스리는 것이 더 어렵습니다
그러므로 마음을 지키세요
생명의 근원이 이에서 나오기 때문입니다

마음을 지킨다는 것은
외부 자극에 쉽게 흔들리지 않는다는 것이며
마음의 평안을 잃지 않는 상태입니다

물질보다 귀한 것이 믿음입니다
믿음이 있을 때 흔들리는 마음을
이겨낼 수 있습니다

먼저 눈이 흔들리지 말아야 합니다
눈을 바로보아 볼 것만 보아야 합니다
그리하여 안목의 정욕에 빠지지 말아야 합니다

우리의 발이 흔들리지 말아야 합니다
가야 할 곳과 가지 말아야 할 곳을 구분하여
세상 유혹에서 벗어나 밝은 길로 가야 합니다

눈보라가 앞을 가려도 흔들리지 않고
주님 발자취를 따라가야 합니다
그 길이 십자가의 길이며 생명길입니다

잠언 4:23-27

인생의 먼 길

인생길에 원칙을 지켜 정공正攻으로 가라
실패하여 벼랑 끝에 서 있는가
눈앞이 캄캄할 때 기적을 보리라

인생길이 험하다고 포기하지 말라
포기하지 않으면 도착하게 되고
포기하지 않으면 성공한다

점으로 이어지는 숨은 그림 찾기처럼
점으로 이어진 인생길 건너뛰지 말고
한 점 한 점 다 찍고 나가라

인생길은 선택의 연속이다
우연함이 하나님의 섭리이니
하나님 앞에 손해 보는 쪽을 택하라

죽는 것이 슬픈 것이 아니라
아무 일도 안하고 가는
것이 슬픈 일이니

유명한 인물이 되기를 기도하라
꿈은 의심하지 않으면 이루어지리니
삶의 흔적인 네 이름을 길이 남겨라

룻기 4: 1– 10

한나의 기도

한나는 여호와 앞에 통하는 기도
자신의 심정을 쏟아놓는 기도
온 몸과 마음을 다해 기도했다

정직하게 상한 심령을 아뢰어라
응답하실 것을 믿고 열망하라
그리하면 합당한 결과를 주시리라

올 한 해의 꿈이 있는가
평생에 이르고자 하는 꿈이 있는가
기도하라 크고도 은밀한 응답이 있으리라

사무엘상 1:9-18

구원

갓난아기는 엄마 품을 떠나서는
살 수 없습니다

학생들은 선생님을 떠나서는
공부할 수 없습니다

올림픽이 열리는 브라질을
비행기 없이는 갈 수 없습니다

백성들은 국가 없이는
살아갈 수 없습니다

인간은 예수그리스도를 만나지 않고는
구원 받을 수가 없습니다